Monika Bovermann
Manuela Georgiakaki
Renate Zschärlich

Paul, Lisa & Co

Starter

Arbeitsbuch

Deutsch für Kinder
Deutsch als Fremdsprache

Hueber Verlag

Mitarbeit:
Daniel Orozco Coronil

9.   8.   7.   Die letzten Ziffern
2028 27 26 25 24   bezeichnen Zahl und Jahr des Druckes.
Alle Drucke dieser Auflage können, da unverändert,
nebeneinander benutzt werden.
1. Auflage
© 2017 Lizenzausgabe Hueber Verlag GmbH & Co. KG, München, Deutschland
Originalausgabe Paul, Lisa & Co Junior, Hueber Hellas, Athen
Umschlaggestaltung: Sieveking Agentur, München
Layout und Satz: Sieveking Agentur, München
Verlagsredaktion: Iris Schultze-Naumburg, Silke Hilpert, Hueber Verlag, München
Druck und Bindung: Passavia Druckservice GmbH & Co. KG, Passau
Printed in Germany
ISBN 978-3-19-011559-4

Art. 530_23390_001_07

Inhalt

Wegweiser

• Übungsvielfalt

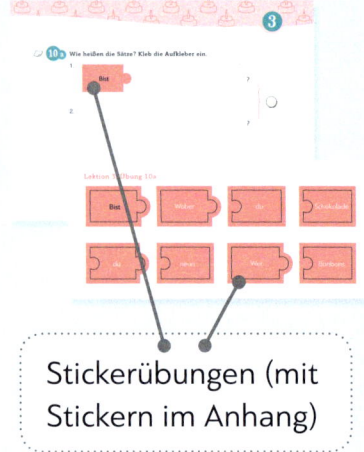

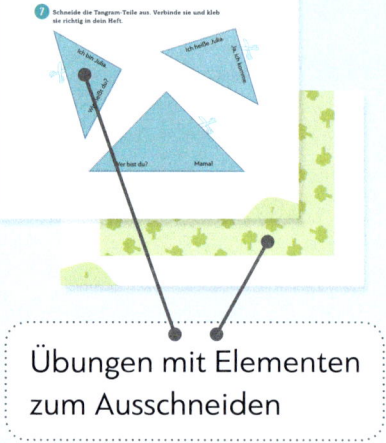

Stickerübungen (mit Stickern im Anhang)

Übungen zum Malen und Rätseln

Übungen mit Elementen zum Ausschneiden

... und viel mehr!

• Lernwortschatzseite am Ende jeder Lektion

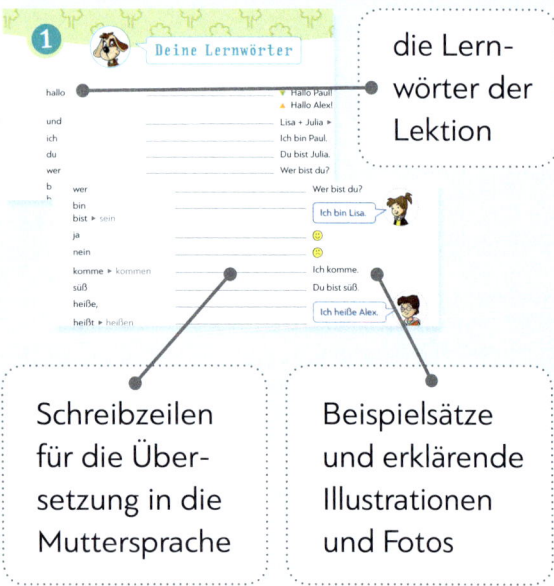

die Lernwörter der Lektion

Schreibzeilen für die Übersetzung in die Muttersprache

Beispielsätze und erklärende Illustrationen und Fotos

• Selbstevaluation am Ende des Moduls

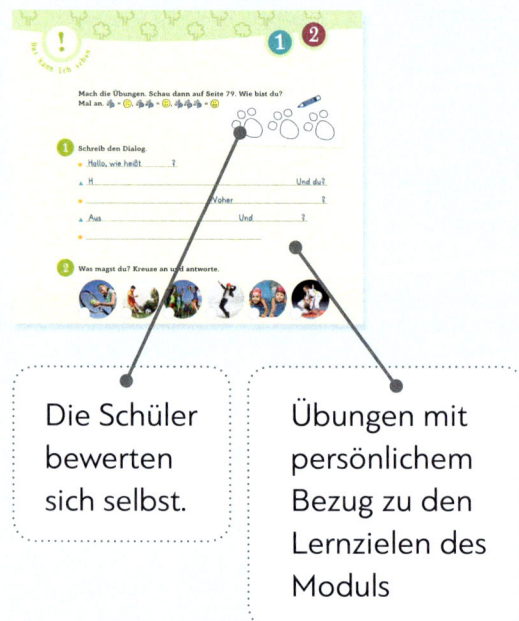

Die Schüler bewerten sich selbst.

Übungen mit persönlichem Bezug zu den Lernzielen des Moduls

Piktogramme und Symbole

 Übungen mit Stickern. Die Sticker befinden sich im Anhang.

KB ▶ 1
KB ▶ 1
Hier findet sich das gerade geübte Lernziel im Kursbuch.

KB ▶ 2   **1** Ergänze.

B

_____

_____

A

Ich bin Lisa.

C

_____

_____

_____

2 Ergänze.

◆ Hallo, _____ bin Oskar.   ● Ich _____ Julia.

Und _____ bist du?

3 Erfinde Namen und schreib die Dialoge.

A

Hallo, ich _____

_____

C

_____

_____

B

_____

_____

D

_____

_____

KB ▸ 3

4 **Ergänze.**

◆ Mama!

▼ _____

_____

KB ▸ 5

5 **Erfinde einen Namen und ergänze wie im Beispiel.**

Ich heiße
Tobi.

A

B

C

D

E

F

6 Was passt? Ergänze.

Wie heißt du? 🞅 Ich heiße Nico.

Tina.

Wie heißt du?

Ⓐ

Ⓑ

7 Schneide die Tangram-Teile aus. Verbinde sie und kleb sie richtig in dein Heft.

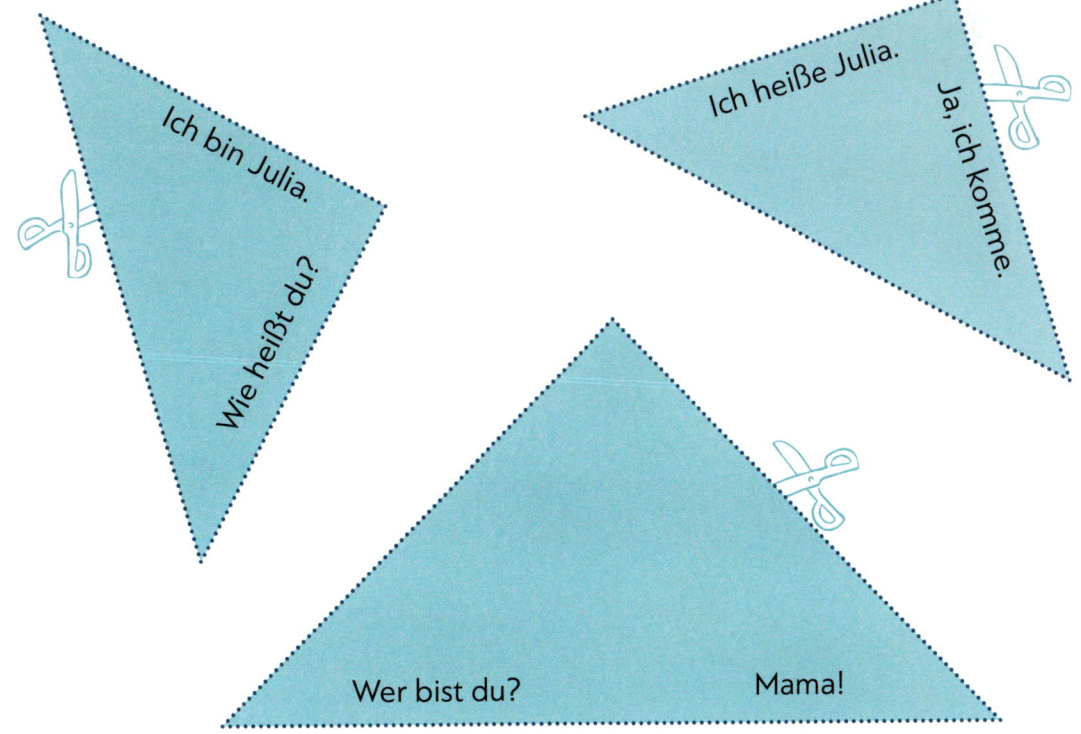

Ich bin Julia.

Wie heißt du?

Ich heiße Julia.

Ja, ich komme.

Wer bist du?

Mama!

8 **Ergänze die Fragen.**

1. ◆ <u>Wer</u>

 ▲ Ich bin Paul.

2. ◆ _____

 ▲ Ich heiße Max.

9 **Kleb die Aufkleber ein.**

1. ich [bin]   3. ich [ ]

2. du [ ]   4. du [ ]

10 Was passt? *Ja* oder *Nein*? Ergänze.

1. :) _____

2. :(_____

KB ▶ 8 **11** Was passt? Ergänze: *Hallo* oder *Guten Tag*.

A
_____
_____ Alex.

B
_____
_____ Paul.

C
_____
_____ Herr Weiß.

D
_____
_____ Lisa.

12 Ergänze die Buchstaben.

1. G _u_ ten ____ ag. Wie he ____ ____ t du?

2. Ha ____ ____ o, i ____ ____ bi ____ Oskar. Un ____ wer b ____ ____ t du?

KB ▶ 9

13 Ist das richtig? Ergänze: *Ja* oder *Nein*.

Tennis? _Ja._   Tanzen? _____   Basketball? _____

Schwimmen? _____   Judo? _____   Fußball? _____

14 Wie viele Buchstaben fehlen? 1 oder 2?
Ergänze die Buchstaben.

1. Te _nn_ is

2. Ba _____ ke _____ ba _____

3. J _____ o

4. Ta _____ en

5. Fu _____ ba _____

6. Sch _____ i _____ en

15 Welchen Sport machen die Kinder?

_____Tennis_____   _____   _____

_____   _____   _____

KB ▶ 11

16 Was sagen sie? Ergänze.

Ich mag __Tennis__ und _____. Und du?

Ich _____ Fußball und _____.

Ich _____

und _____. Und du?

_____

_____.

1

Deine Lernwörter

hallo	_____	▼ Hallo Paul!
		▲ Hallo Alex!
und	_____	Lisa + Julia ▶ Lisa und Julia
ich	_____	Ich bin Paul.
du	_____	Du bist Julia.
wer	_____	Wer bist du?
bin,	_____	
bist ▶ sein	_____	Ich bin Lisa.
ja	_____	☺
nein	_____	☹
komme ▶ kommen	_____	Ich komme.
süß	_____	Du bist süß.
heiße,	_____	
heißt ▶ heißen	_____	Ich heiße Alex.
wie	_____	Wie heißt du?
Mama	_____	
Papa	_____	
Herr	_____	▪ Hallo, Herr Weiß.
Guten Tag	_____	◆ Guten Tag, Herr Schmid.

Sport

Basketball	Tennis	Fußball
_____	_____	_____
Tanzen	Schwimmen	Judo
_____	_____	_____

mag ▶ mögen	_____	Ich mag Fußball.

KB ▶ 1

1 **Was passt? Ergänze.**

Ja, gleich. 🐾 Tobi, komm! 🐾 Ja, ich komme. 🐾 He, Tobi!

A Tobi, komm!

C _____

B _____

D _____

2 **Was passt? Ergänze.**

Lukas. Und wer bist du? 🐾 Wer bist du? 🐾 Aus Österreich. Und du? 🐾
Lisa. Woher kommst du? 🐾 Aus Deutschland.

A Wer bist du?

B _____

C _____

D _____

E _____

3 **Was passt? Ergänze.**

Macht nichts.   Oh, Entschuldigung!

4 **Ergänze die Fragen und Antworten.**

1. ◆ __W_____ heißt _____ ?

   ● _____ Leonie.

2. ◆ __W_____ kommst _____ ?

   ● _____ Deutschland.

3. ◆ Und __w_____ bist _____ ?

   ● _____ Lars.

4. ◆ He, Laura, komm!

   ● Ja, _____ komme.

KB ▶ 4

5 **Woher kommt das Auto? Schreib Sätze.**

| D | B PZ 1234 |

1. _Das Auto kommt aus_ _____

| DK | AW 548 13 |

2. _____

| I | R 514 RT |

3. _____

| E | 4789 RWQ |

4. _____

6 **Was passt? Finde das Verb und ergänze.**

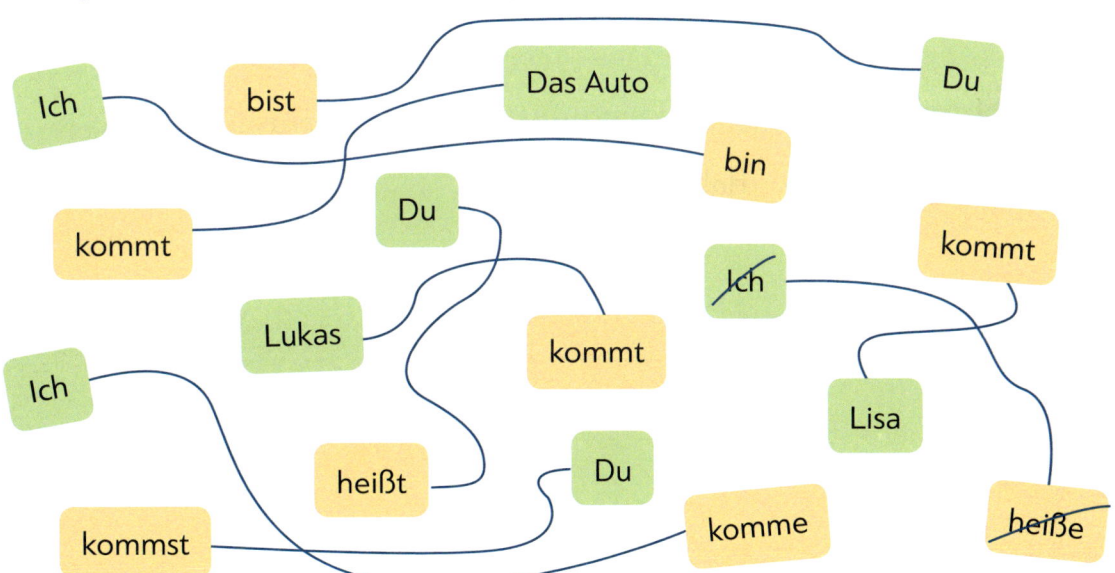

1. _Ich heiße_ _____ Lily.

2. _Du_ _____ Ben.

3. _Ich_ _____ Tom.

4. _Du_ _____ Emma.

5. _Ich_ _____ aus Spanien.

6. _Du_ _____ aus Polen.

7. _Lukas_ _____ aus Österreich.

8. _Lisa_ _____ aus Deutschland.

9. _Das Auto_ _____ aus Italien.

7 Ergänze die Fragen und Antworten.

1. ▲ W _ie_ h _eißt_ d _u_ ?

   ● I _____ h _____ _____ .

2. ▲ W _____ k _____ d _____ ?

   ● I _____ k _____ a _____ _____ .

3. ▲ Und w _____ b _____ d _____ ?

   ● I _____ b _____ _____ .

4. ▲ W _____ k _____ das Auto?

   ● Das Auto k _____ a _____ _____ .

5. ▲ W _____ k _____ Paul?

   ● Paul k _____ a _____ _____ .

KB ▶ 6

8 Welche Buchstaben schreibt man groß? Schreib richtig.

1. hallopaul!   _Hallo Paul!_ _____

2. werbistdu?   _____

3. gutentag!   _____

4. ichheißejulia.   _____

5. machtnichts.   _____

9 Welche Buchstaben kommen nicht im Alphabetlied vor?
Markiere sie.

1. Ⓞsterreich   2. Dänemark   3. Ägypten

4. Mücke   5. Löwe

16

Deine Lernwörter

komm ▶ kommen   ————————————   Paul, komm!

gleich   ————————————   ● Paul, komm!
                                     ▲ Ja, gleich!

O.K.   ————————————

Entschuldigung.   ————————————   ● Entschuldigung!

Macht nichts.   ————————————   ▲ Macht nichts.
▶ machen
woher   ————————————   Woher kommst du?

kommst ▶ kommen   ————————————

aus   ————————————   Ich komme aus Österreich.

das Auto   ————————————

Schaut mal!   ————————————   Schaut mal! Das Auto!
▶ schauen
kommt ▶ kommen   ————————————   Das Auto kommt aus Italien.

Länder

Österreich	Italien	Spanien
Dänemark	Deutschland	Polen

Tschechien

Mach die Übungen. Schau dann auf Seite 79. Wie bist du?
Mal an. 🐾 = ☹, 🐾🐾 = 🙂, 🐾🐾🐾 = 😃

1 **Schreib den Dialog.**

● Hallo, wie heißt _____ ?

▲ H _____ Und du?

● _____ Woher _____ ?

▲ Aus _____ Und _____ ?

● _____

2 **Was magst du? Kreuze an und antworte.**

_____

3 **Was sagen die Personen? Ergänze.**

● G _____ T ___ g, Herr Weiß!

▲ _____ , Herr Schwarz.

4 **Ergänze.**

1. ● _____   2. ● Komm!

   ▲ Macht nichts!   ▲ Ja, _____

1   **Mal die Felder mit den Zahlen 1, 2, 5, 7 und 8 grau aus.**

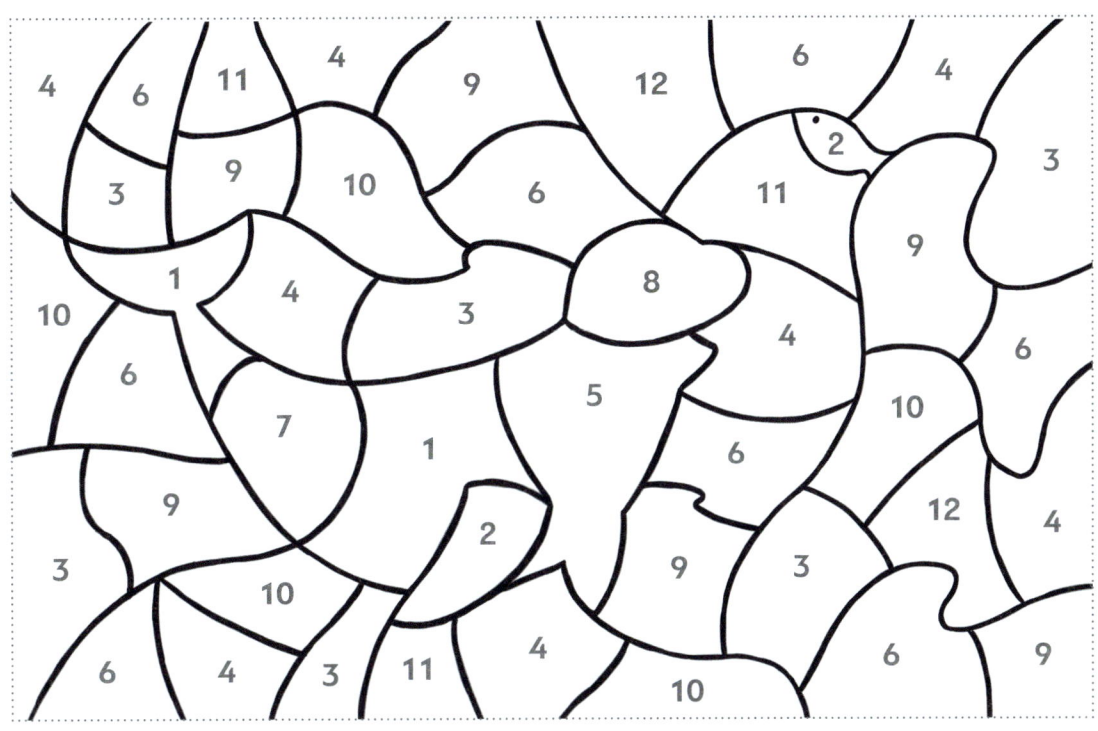

2 **Welche Zahl passt zu welchem Bild? Verbinde.**

vier   zehn   fünf   zwei   acht

19

KB ▸ 2 · **3**

Schreib einen Glückwunsch aus den Wörterteilen. Schreib die Wörter bunt und gestalte immer den ersten Buchstaben.

All · Ge · te · Gu · es · stag · zum · burt

Gü

KB ▸ 3 · **4 a** **Lös das Zahlenrätsel.**

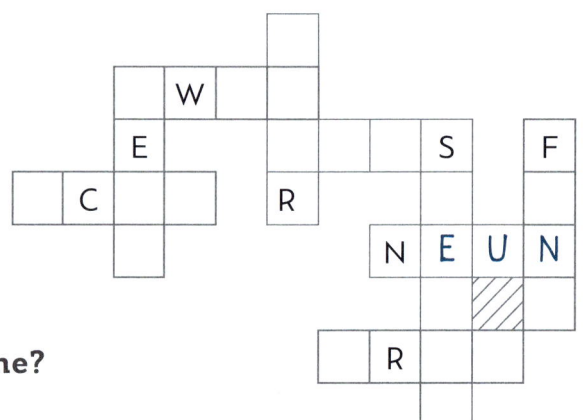

b **Eine Zahl fehlt. Welche?**

_____

KB ▸ 4 · **5** **Ergänze den Dialog.**

Nein, ich bin neun · Ich bin acht.
~~Wie alt bist du~~ · Und wie alt ist Tobi
Bist du auch acht · Tobi ist zwei

◆ _Wie alt bist du_ ? ● _____.

● _____ ? ◆ _____.

● _____ ? ◆ _____.

KB ▶ 6 **6** **Was antworten sie? Schreib Sätze.**

> Wie alt bist du?

1. _Ich bin neun._   3. _____

2. _____   4. _____

KB ▶ 9 **7** **a** **Finde 4 weitere Wörter und markiere sie.**

WÄNYLSCHOKOLADESPARTEHASULOKEKSEÜEBKILTAPOPCORNWEN
TAHTLABKELSEUTZICHIPSGEHURTABONBONSCÖMQZFBÄSQUKLIX

b **Schreib die Wörter zu den Bildern.**

Chips   _____   _____

_____   _____

8 Ergänze.

Ⓐ Möchtest _____ Schokoladentorte?

Ⓑ _____

Ⓒ _____ möchte auch Schokoladentorte.

Ich nicht!

9 Was passt? Ergänze.

1.
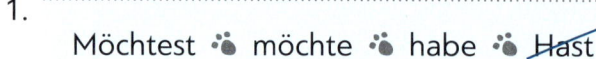

Möchtest ❖ möchte ❖ habe ❖ H̶a̶s̶t̶

◆ _Hast_ du Schokolade?

● Nein, ich _____ Bonbons. _____ du?

◆ Nein, danke. Ich _____ Schokolade.

2.

habe ❖ hat ❖ hast

● Wer _____ Schokolade?

● Ich _____ Schokolade.

● Oh, du _____ Schokolade! Danke!

3.

heiße ❖ heißt ❖ bin ❖ bist ❖ kommst

▼ Wie _____ du?

▲ Maksymilian Szymanski.

▼ Wie?

▲ Ich _____ Maxi.

▼ Woher _____ du?

▲ Aus Polen. Und wer _____ du?

▼ Ich _____ Lea.

22

10 a Wie heißen die Sätze? Kleb die Aufkleber ein.

1.    ?

2.   ?

3.   ?

4.   ?

5.   .

6.   .

**b Wo steht das Verb auf Position 1, wo auf Position 2?
Notiere in den Kreisen in a.**

11 Was passt? Bilde 7 weitere Sätze. Denk an „.“ und „?“.

Ich ~~Ich~~ Ich Hast Michael Wer Kommst Wie Woher

bin heiße ~~komme~~ hat heißt kommt kommt du du

aus Berlin zehn Kekse Schokolade Angelika du Lisa aus Polen ~~aus Italien~~

1. Ich komme aus Italien.

2. _____

3. _____

4. _____

5. _____

6. _____

7. _____

8. _____

12 Wer möchte was? Streiche die falsche Antwort durch. Ergänze dann.

▲ Max, möchtest du Schokolade?
◆ Ja, bitte. / Nein, danke.

▲ Lea, möchtest du Popcorn?
● Ja, bitte. / Nein, danke.

▲ Max, möchtest du Bonbons?

▲ Lea, möchtest du Kekse?

◆ _____

● _____

hi   _____ Hi, ich bin Alex!

Alles Gute zum   _____
Geburtstag!

danke   _____

schon   _____ ▲ Du bist schon neun?
                               ● Ja.

wie alt   _____ Wie alt bist du?

bin dran,   _____ ▲ Ich bin dran.
bist dran   ▼ Ja, du bist dran.
▶ dran sein

die Schokoladentorte _____

möchte,   _____ ● Möchtest du Kekse?
möchtest ▶ möchten _____

auch   _____ ▲ Ja, ich möchte auch
                               Kekse!

aber   _____ ▼ Aber ich möchte Chips.

Essen

Bonbons   Kekse   Schokolade

_____   _____   _____

Chips   Popcorn

_____   _____

Ja, bitte.   _____ ☺

Nein, danke. _____ ☹

Na, klar.   _____ ● Ich möchte auch Chips.
                               ▲ Na, klar!

1 _____   2 _____   3 _____   4 _____

5 _____   6 _____   7 _____   8 _____

9 _____   10 _____   11 _____   12 _____

KB ▶ 3 **1 a** Mal die Buchstaben aus.

B = rot, H = blau, I = rosa, A = blau,
R = rosa, L = blau, G = grün, L = blau,
S = gelb, K = rot, O = blau, F = gelb

BHARLGLSIKOF

b Wie lautet das Wort in den blauen Buchstaben?

_____

2 Welche Farbe haben die Tiere? Mal sie aus. Schreib dann die Farben unter die Bilder.

lila, türkis und blau

_____ _____ _____

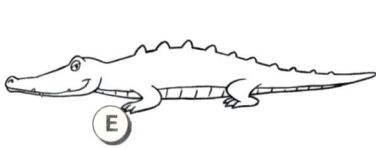

_____ _____ _____

KB ▸ 5

3 Wer sagt was? Kleb die Aufkleber ein.

4 Kleb die Aufkleber ein.

● [   ] du 🐾 ?

● Wer [   ] ?

◆ Nein.

◆ Ich [   ] .

5 a Was passt zusammen? Benutze jedes Teil einmal. Verbinde.

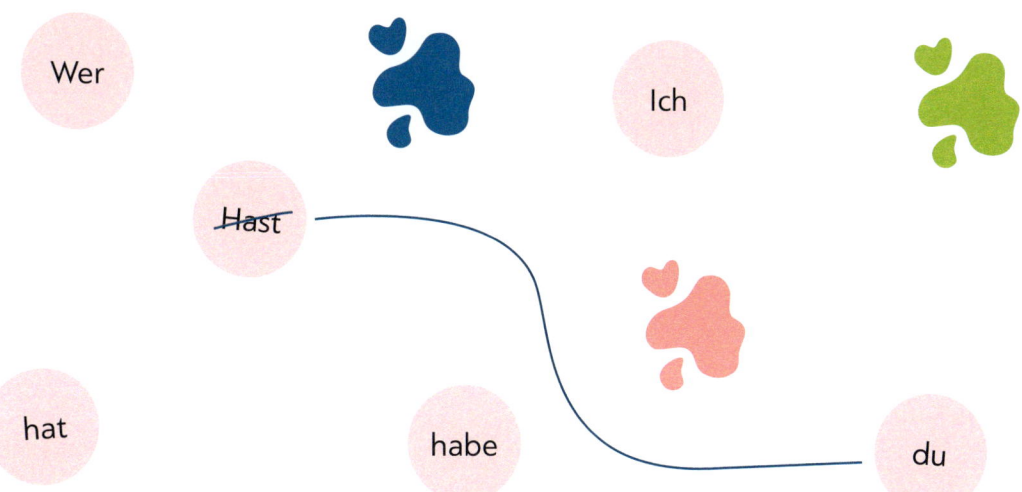

Wer

Ich

~~Hast~~

hat

habe

du

4

b Ergänze die Fragen und die Antwort.

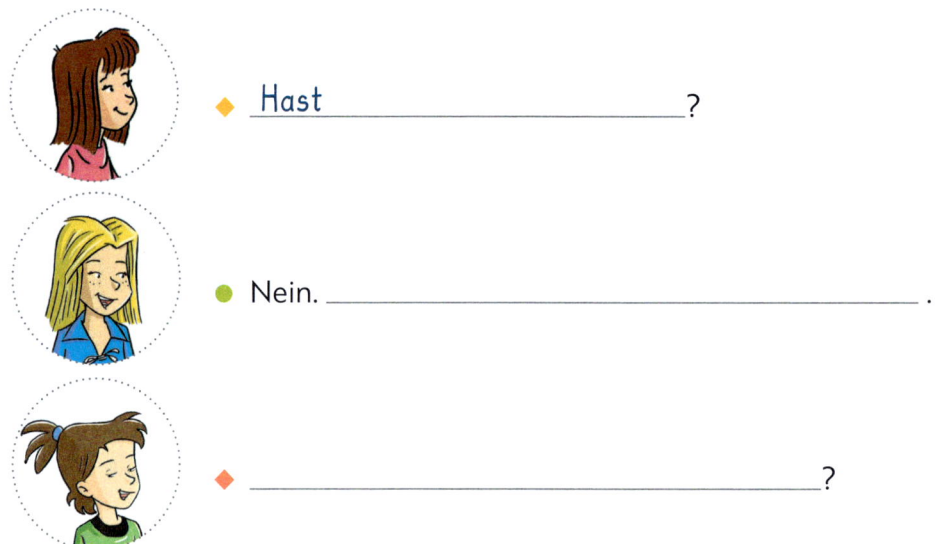

◆ <u>Hast</u> _____ ?

● Nein. _____ .

◆ _____ ?

6 Kleb die Aufkleber ein.

1. Ich ☐ 🍀 .   2. Du ☐ 🌼 .

KB ▸ 6 **7 a** Findest du den Weg? Mach Pfeile.

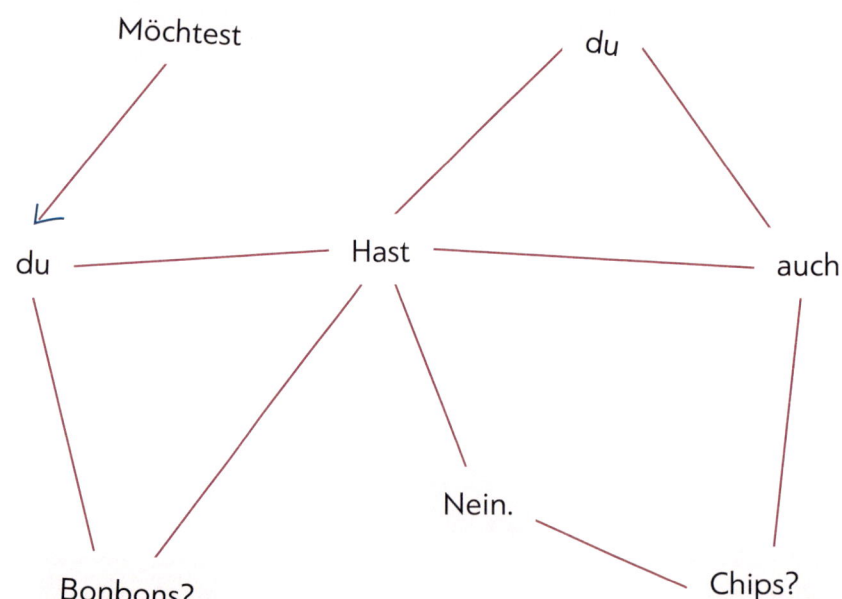

Möchtest   du

du — Hast — auch

Nein.

Bonbons?   Chips?

b Schreib den Dialog aus a.

◆ <u>Möchtest</u> _____

● _____

◆ _____

8 a Schau die Tabelle an.

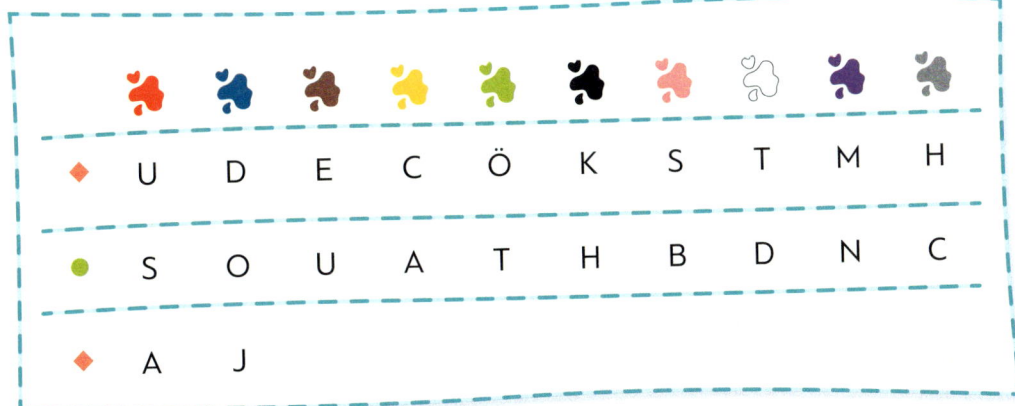

◆	U	D	E	C	Ö	K	S	T	M	H
●	S	O	U	A	T	H	B	D	N	C
◆	A	J								

b Wie ist der Dialog? Schreib die Buchstaben zu den Farben.

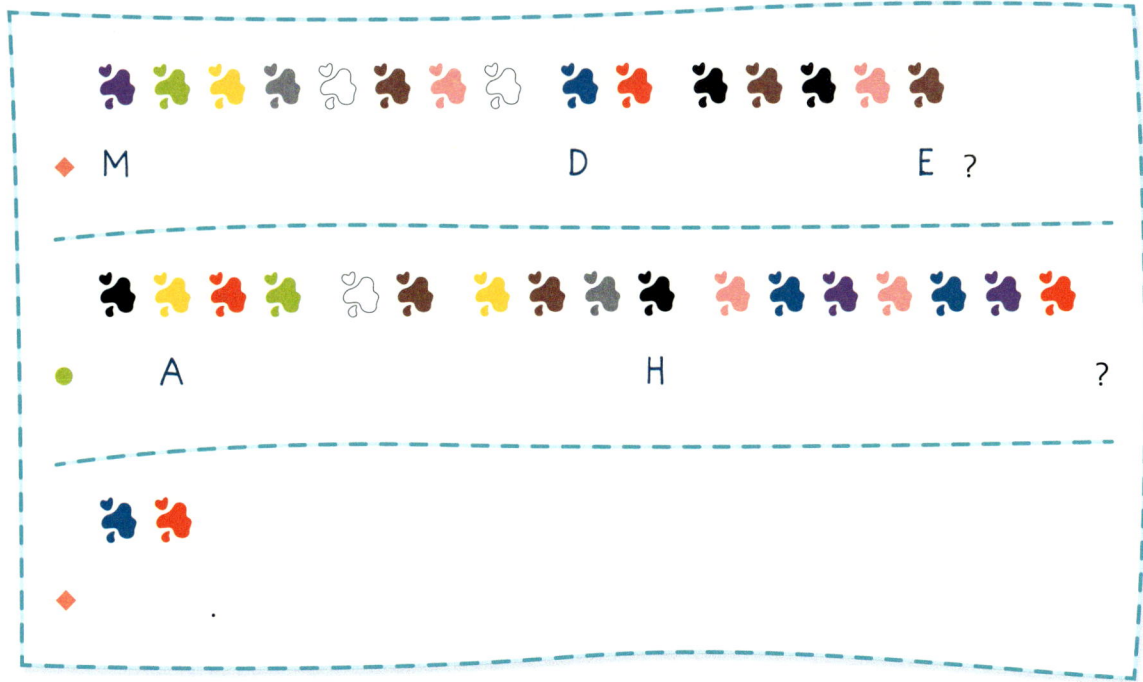

◆ M   D   E ?

● A   H   ?

◆   .

9 a Was ist richtig? Unterstreiche und ergänze.

1. Paul __kommt._____ (komme / kommt)

2. Hallo Paul, _____ du Bonbons? (möchtest / habe)

3. Nein. _____ du Schokolade? (Hat / Hast)

4. Schokolade _____ super. (ist / hat)

5. Wer _____ denn Kekse? (möchtest / hat)

b Kontrolliere dich selbst. Schau deine Lösungen in **a** an und mal die richtigen Felder aus. Wähl deine Farben selbst.

KB ▸ 10 **10 a** Finde vier weitere Wörter.

OLCOOLRTUVESLANGWEILIGORTSHELÄDSTIK

YBURTALUSTIGOPTEUKIHASUPERMAKEWTODOOFAUWELS

b Ordne zu.

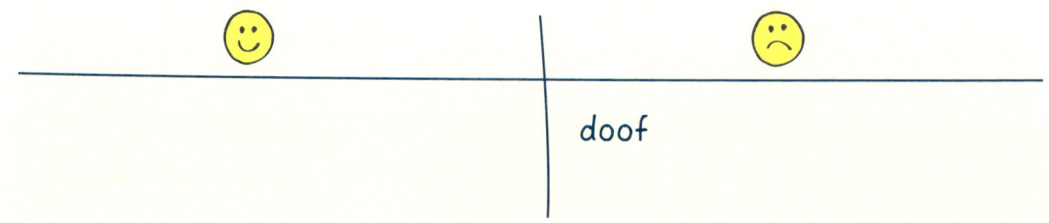

☺	☹
doof

das Graffiti _____

Farben

🟦 türkis	🌸 rosa	🔵 blau
_____	_____	_____
🍀 grün	🟠 orange	⬛ schwarz
_____	_____	_____
⬛ grau	🟡 gelb	🔴 rot
_____	_____	_____
⬜ weiß	🟤 braun	🟣 lila
_____	_____	_____

habe, _____   ■ Ich habe 🍀.

hast, _____   Hast du 🟡?

hat ▸ haben _____   ▲ Nein. Julia hat 🟡.

die Limonade _____

der Kakao _____

toll 🙂 _____   Schwarz ist toll.

cool 🙂 _____   Das Graffiti ist cool.

super 🙂 _____   Julia ist super.

lustig 🙂 _____

langweilig 🙁 _____

doof 🙁 _____

Mach die Übungen. Schau dann auf Seite 79. Wie bist du?
Mal an.  = ☹,   = 🙂,    = 😊

1 **Was sagen die Personen? Ergänze.**

● A_____ G_____

  z___ G_____ !

▲ Danke.

2 **Wie alt bist du? Antworte.**

_____

3 **Ergänze den Dialog.**

● Du _____ dran.

▲ Ja, ich _____

4 **Antworte.**

● Möchtest du Kekse?　▲ ☹ _____

　　　　　　　　　　　　▲ 🙂 _____

5 **Ergänze den Dialog.**

● _____ du 💗 ?　▲ Nein, ich _____ 💧 .

● _____ 💧 ?　　▲ Ja, _____ 💧 .

KB ▸ Einstieg

1 **Was passt? Verbinde.**

1. Comic-Heft   2. Ball   3. CD   4. Roller

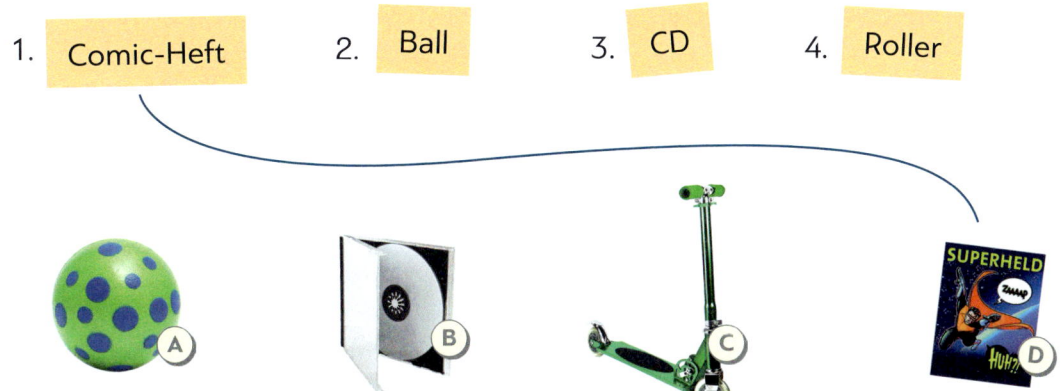

A   B   C   D

KB ▸ 1

2 **Schreib die Wörter in das Rätsel.**

CD ⁖ Laptop ⁖ Fahrrad ⁖ Gitarre ⁖ Kalender ⁖
Poster ⁖ Uhr ⁖ Comic-Heft ⁖ B̶a̶l̶l̶ ⁖ Buch ⁖
Rucksack ⁖ Spiel ⁖ Roller

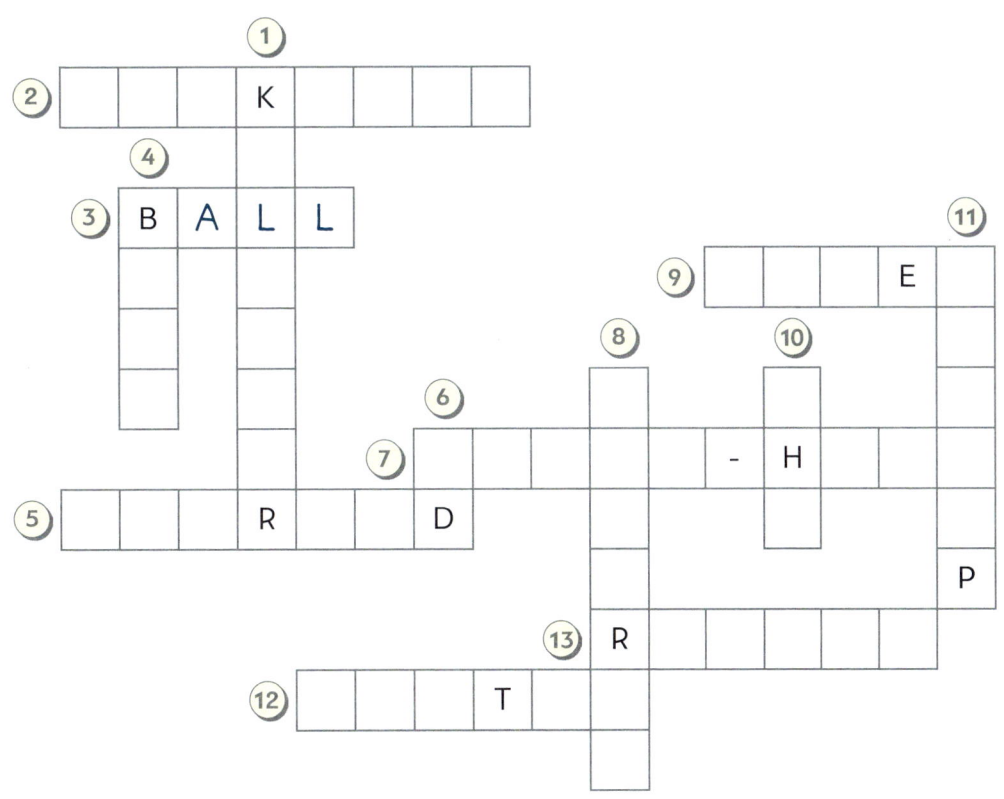

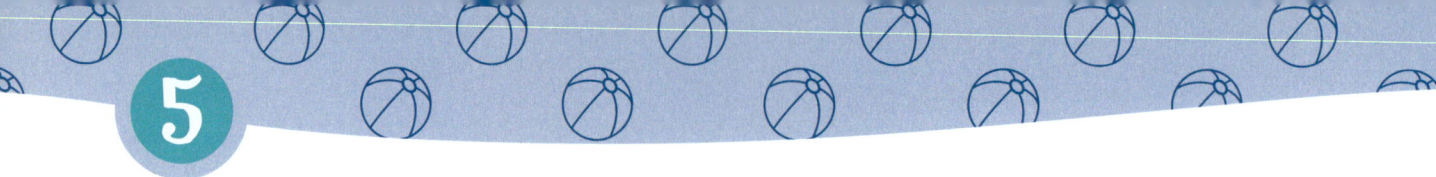

KB ▶ 2

3 Kleb die Aufkleber ein.

1.   3.   5.

2.   4.   6.

4 Mal das Mandala aus: **der** = **blau**, **das** = **grün**, **die** = **rot**.

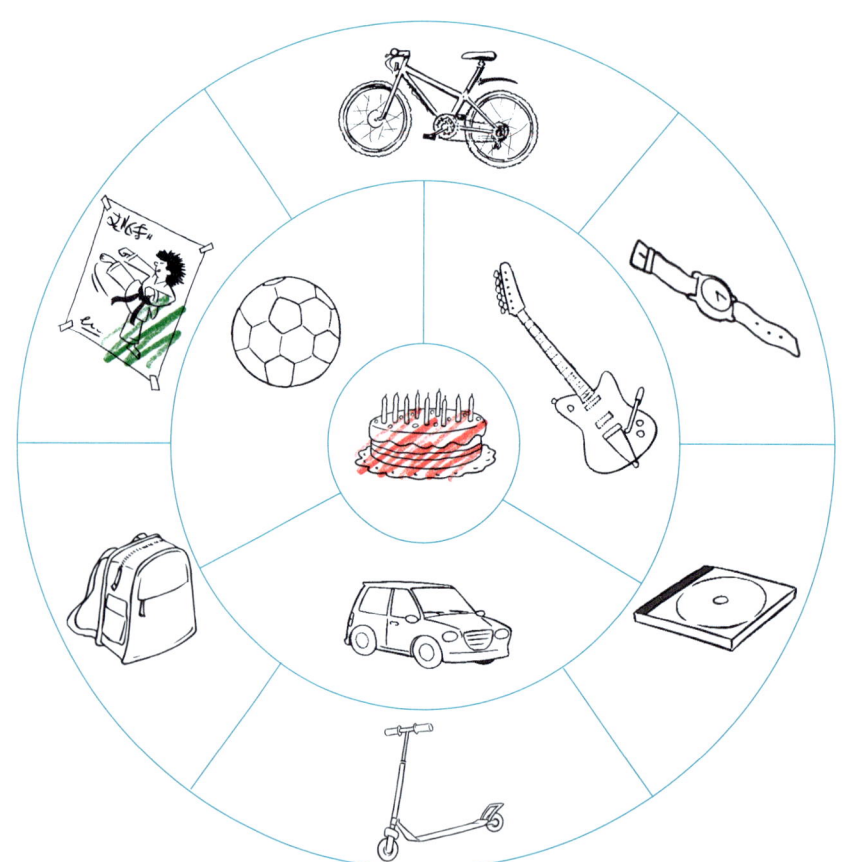

KB ▶ 3 **5 a** **Was kosten die Gegenstände? Entscheide und verbinde.**

b **Ergänze die fehlenden Wörter und Preise.**

1. Das _Spiel_____ kostet 5 Euro.

2. Das Poster _____ _____ Euro.

3. _____ Comic-Heft kostet _____ _____

4. _____ Fahrrad _____ _____ Euro.

5. Die Uhr kostet _____ _____

6. Der _____ kostet _____ Euro.

7. Die _____ kostet _____ Euro.

8. Der _____ kostet _____ Euro.

KB ▶ 4 **6 a** **Ordne den Dialog.**

( ) Und was kostet das Poster?

( ) Das Poster kostet 2 Euro.

(2) 4 Euro.

( ) Was? 4 Euro? Boah!

( ) Was kostet der Kalender?

b Schreib Dialoge wie in **a** mit anderen Gegenständen.

◆ Was kostet die Uhr? ● Die Uhr kostet 10 Euro.

◆ Und was ...?

KB ▶ 7 **7 a** Was sagt Oskar? Ergänze.

Laptop ⋮ Uhr ⋮ Poster ⋮ Fahrrad ⋮ Kalender ⋮ Gitarre

Mein __Laptop_____ , mein _____ ,

mein _____ , meine _____ ,

meine _____ , mein _____ .

b Was sagt Lisa? Ergänze **mein**, **mein**, **meine**.

Nein, Oskar. Das ist _____ Laptop,

das ist _____ Gitarre und das ist

auch _____ Fahrrad!

8 Kleb die Aufkleber auf die Kisten.

9 a Schau das Bild an. Welche Gegenstände siehst du? Kreise sie in der Artikelfarbe ein.

b Was fehlt in Annes Zimmer? Schreib die fehlenden Gegenstände mit mein, mein, meine auf.

Mein Fahrrad!

Mein Fahrrad, _____

_____

_____

KB▶8 **10 a** Mal die Wörter aus: **der = blau, das = grün, die = rot.**

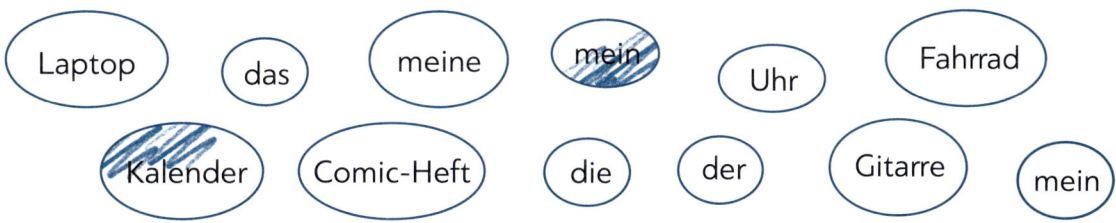

b Was passt in a zusammen? Verbinde.

Deine Lernwörter

Gegenstände (I)

die Gitarre

_____

das Poster

_____

das Fahrrad

_____

der Ball

_____

das Comic-Heft

_____

die Uhr

_____

der Laptop

_____

das Spiel

_____

der Kalender

_____

die CD

_____

die DVD

_____

der Roller

_____

der Rucksack

_____

das Buch

_____

kostet ▶ kosten	_____	● Was kostet das Buch?
Euro	_____	■ 5 Euro. 
mein, mein, meine	_____	Mein Ball, mein Comic-Heft und meine CD!
das ist ▶ sein	_____	Das ist meine Gitarre.

KB ▶ 3

1 **Lös das Rätsel. Was macht der Hund?**

Der Hund ...

1	S	P				
2						
3						

2 **Was macht Bea? Ergänze.**

Bea _____

_____

_____

_____

_____

_____

KB ▶ 6

3 Kleb die Aufkleber ein.

1. Sie kauft Popcorn.   3. Sie hat Hunger.   5. Er fotografiert.

2. Er tanzt.   4. Er springt.   6. Sie schwimmt.

4 Kleb die Aufkleber ein.

_____   _____

1. Lisa, Julia, Bea   2. Paul, Alex, Oskar, Emil

5 Was passt? Ergänze: *er* oder *sie*?

1. Lisa hat Hunger. __Sie__ kauft Chips.

2. Oh! Bella! _____ springt.

3. Alex! Alex! Da ist Alex. _____ fotografiert.

4. Oh! Toll! Das ist Hasso. _____ tanzt.

KB ▸ 8

6 Ergänze.

Woher ❖ Wer ❖ Wie ❖ W̶o̶ ❖ Wie

1. ▲ <u>Wo</u> ist Oskar?　　　■ Da ist Oskar. Er spielt.

2. ▲ _____ bist du?　　　■ Ich bin Alex.

3. ▲ _____ heißt du?　　　■ Ich heiße Paul.

4. ▲ _____ alt ist Martina?　　　■ Martina ist 3.

5. ▲ _____ kommt Martina?　　　■ Martina kommt aus Italien.

7 a Was passt zusammen? Mal die passenden Teile gleich aus.

1. Wer　　　　alt bist du?

2. Wie　　　　kommst du?

3. Woher　　　　bist du?

b Antworte auf die Fragen in a.

1. <u>Ich</u>

2. _____

3. _____

KB ▶ 9

8 **Ergänze die Kontinente.**

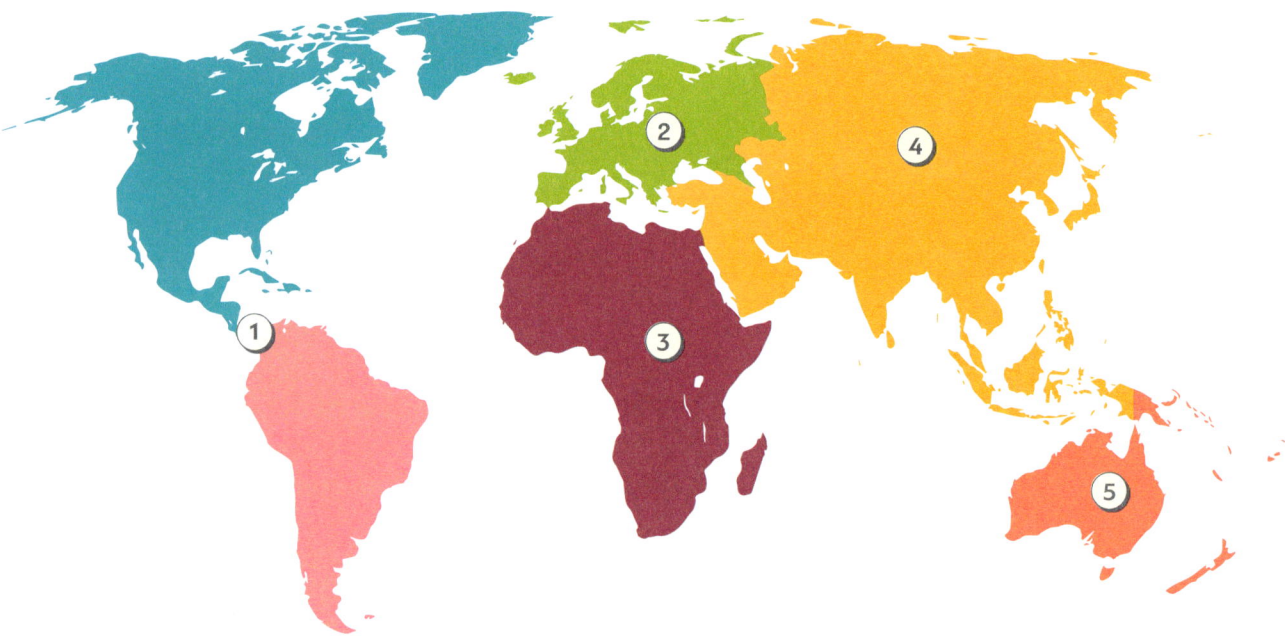

(1) _Amerika_____

(2) _____

(3) _____

(4) _____

(5) _____

9 **Finde weitere 9 Tiere. Markiere:**
blau = Tiere mit „**der**", **grün** = Tiere mit „**das**", **rot** = Tiere mit „**die**".

W	S	C	H	L	A	N	G	E	Ä	U	H	L	P	W
Q	A	H	I	E	C	E	L	E	F	A	N	T	M	O
E	S	J	O	U	V	R	O	T	C	U	T	I	S	L
S	C	H	I	L	D	K	R	Ö	T	E	W	G	N	F
R	D	U	P	E	B	S	I	R	B	G	E	E	T	E
T	F	N	K	Y	N	A	L	E	O	P	A	R	D	T
Z	G	D	L	X	I	B	W	H	K	J	Z	C	F	H
K	R	O	K	O	D	I	L	R	Ö	L	A	M	A	Ö

10 Welches Tier passt? Ergänze.

1. Das ▢▢▢ ist braun.

2. Der ▢▢▢▢▢▢ ist grau und lebt in Afrika und in Asien.

3. Das ▢▢▢▢ kommt aus Amerika.

4. Der ▢▢▢▢▢▢ lebt in Afrika und in Asien.

5. Die ▢▢▢ lebt in Afrika, in Asien, in Amerika,

in Europa und in Australien.

11 Welches Tier lebt auch dort? Kleb die Aufkleber ein und schreib die Tiere auf.

das Reh und _____

_____

_____

und _____

_____

_____

12 **Kleb die Aufkleber ein.**

1. ● Woher kommt Martina?

◆ [ ] Italien.

2. ● Wo lebt der Tiger?

◆ [ ] Asien.

13 **Was passt? Ergänze: *kommt aus* oder *lebt in*.**

1. Das ist der Elefant Lal.

Lal _kommt aus_ Asien

und lebt in Asien.

2. Das ist das Lama Luise.

Es _____

Amerika, aber es

_____ Deutschland,

im Zoo.

3. Das ist das Erdmännchen Timo.

Timo _____ Afrika.

Aber Timo _____

Österreich, im Zoo.

Deine Lernwörter

der Hund _____

springt ▶ springen _____ Niko springt.

spielt ▶ spielen _____ Oskar spielt Ball.

tanzt ▶ tanzen _____ Hasso tanzt.

fotografiert _____
▶ fotografieren

er _____

sie _____

der Hunger _____ Julia hat Hunger.

kauft ▶ kaufen _____ Sie kauft Kekse.

wo _____ ● Wo ist Paul?

da _____ ◆ Da ist Paul.

schwimmt _____ Er schwimmt.
▶ schwimmen

Tiere

der Elefant

_____

die Eule

_____

das Krokodil

_____

das Lama

_____

der Leopard

_____

das Reh

_____

der Wolf

_____

der Tiger

_____

die Schildkröte

_____

die Schlange

_____

Kontinente

Afrika	Amerika	Asien	Europa	Australien
_____	_____	_____	_____	_____

lebt in ▶ leben _____ Alex lebt in Deutschland.

kommt aus _____ Das Reh kommt aus Europa.

Das kann ich schon

!

Mach die Übungen. Schau dann auf Seite 79. Wie bist du?
Mal an. 🐾 = ☹, 🐾🐾 = 🙂, 🐾🐾🐾 = 😃

1 **Was kosten die Gegenstände?**
Schreib Dialoge in dein Heft.

◆ Was kostet ... ?
▲ ... Euro.

2 **Was sagen die Kinder? Schreib Sätze in dein Heft.**

Das ist m..._____

_____

_____

3 **Wo ist Tim? Wo ist Sarah? Was macht er?**
Was macht sie? Antworte.

Da ist Tim. _____

_____

_____

Ⓐ

Ⓑ

_____

Tennis.

4 **Antworte.**

◆ Woher kommt der Elefant?

● _____

◆ Wo lebt das Krokodil?

● _____

KB ▶ Einstieg

1 Ergänze die Wochentage.

			Donnerstag
15	**16**	**17**	**18**
Oktober ①	Oktober ②	Oktober ③	Oktober ④

19	**20**	**21**
Oktober ⑤	Oktober ⑥	Oktober ⑦

2 Schreib die Tage richtig. Nummeriere sie dann in der richtigen Reihenfolge.

◯ TGIRAFE _____   ◯ TAMSGAS _____

◯ GNSONAT _____   ◯ TOTMIWHC _____

◯ NDAGEIST _____   ◯ ERDOSTGNAN _____

① OMATNG _____

KB ▶ 2

3 a Ergänze den Dialog.

Luisa Ben, wo bist du _am D_____?

Ben: Ich bin _bei_____.

Luisa: Und wo _____?

Ben: Ich bin _____.

Ben
Dienstag
Franz

Ben
Freitag
Sofia

b Wie kann man das noch sagen? Ergänze.

Samstag und Sonntag = _W_____

KB ▸ 4

4 a Lies laut.

Paul und Alex spielen  . Lukas findet das langweilig.

Er macht ⬜ . Julia ist bei Lisa. Julia und Lisa hören 🎧

und sie sehen 📺 . Oskar macht 📖 .

b Schreib nun die Wörter.

1. ⚽ _____

2. 🎧 _____

3. 🖥️ _____

4. 📺 _____

5. 📖 _____

5 Was passt zusammen? Verbinde.

1.
2.
3.
4.
5.

A) Sie spielen Monopoly®.

B) Sie lesen.

C) Sie machen Hausaufgaben.

D) Sie tanzen.

E) Sie sehen Filme.

6 Was machen die Kinder? Schreib Sätze.

1. Tobi und Oskar

2. Johanna und Tim

3. Alex und Paul

4. Bea und Emil

5. Lisa und Julia

1. Tobi und Oskar spielen Fußball.

2. _____

3. _____

4. _____

5. _____

7 Was ist falsch? Streich durch. Schreib die Sätze richtig.

1.   Julia und Alex spielen ~~Filme~~.

   Ich glaube, sie spielen Monopoly. _____

2.  Lisa und Elli machen Monopoly.

   Ich glaube, _____

3.  Bruno und Paul sehen Musik.

   _____

4. Lukas und Nadja hören Hausaufgaben.

   _____

KB ▶ 6

8 Finde weitere 6 Wörter. Schreib die Lösung mit den anderen Buchstaben.

M	U	S	I	K	H	F
O	U	P	R	R	H	R
N	A	I	W	O	A	E
T	L	E	S	E	N	I
A	C	L	H	E	D	T
G	T	E	D	D	Y	A
N	E	N	N	D	E	G

Lösung:

H _____

W _____ !

9 a Was ist in Julias Rucksack? Schreib die Sachen in die Kästchen. Mal sie dann an: **der** = **blau**, **das** = **grün**, **die** = **rot**.

1. B u c h

2.

3.

4.

5.

6.

7.

8.

b Was passt bei **a**? Verbinde.

10 **Welche Farben haben deine Sachen? Mal sie an und schreib.**

Mein Schlafanzug ist

A

_____

_____

B

_____

_____

_____

C

_____

_____

_____

D

_____

_____

_____

E

_____

_____

_____

KB ▶ 8

11 **Kleb die Aufkleber ein.**

1. ● Wo ist der Computer?   ◆ Paul braucht ⬚ Computer.

2. ● Wo ist das Spiel?   ◆ Lisa hat ⬚ Spiel.

3. ● Wo ist die Zahnpasta?   ◆ Alex hat ⬚ Zahnpasta.

12 **Was haben Otto und Irena im Rucksack? Mal und schreib.**

Otto hat die _____

_____

_____ im Rucksack.

Ⓐ Otto

Ⓑ Irena

Irena hat _____

_____

_____ im Rucksack.

13 Was brauchen sie? Ergänze.

Maria braucht _____

Frau Braun _____

Leon _____

Tim _____

14 Was möchten sie? Ergänze.

Deine Lernwörter

Wochentage

Montag	Dienstag	Mittwoch
_____	_____	_____

Donnerstag	Freitag
_____	_____

Samstag   +   Sonntag   =   das Wochenende

_____   _____

am   _____   Am Freitag bin ich

bei   _____   bei Anna.

sie   _____

machen ▶ machen   _____   ◆ Was machen Lisa und
                                                                                            Alex?

spielen ▶ spielen   _____   ■ Sie spielen Monopoly.

die Musik   _____

hören ▶ hören   _____   Sie hören Musik.

glaube ▶ glauben   _____   Ich glaube, Lukas macht

die Computerspiele   _____   Computerspiele.

lesen ▶ lesen   _____

sehen ▶ sehen   _____

die Filme   _____   Sie sehen Filme.

die Hausaufgaben   _____   Paul macht Hausaufgaben.

Gegenstände (II)

die Playstation®	der Schlafanzug	die Zahnbürste
_____	_____	_____
die Zahnpasta	der Pullover	der Teddy
_____	_____	_____

das Handy   _____

der Kamm

brauchst,

braucht ▶ brauchen   _____   ● Brauchst du den

wirklich   _____   Schlafanzug wirklich?

KB ▶ 2

1 Was ist das? Lös das Rätsel.

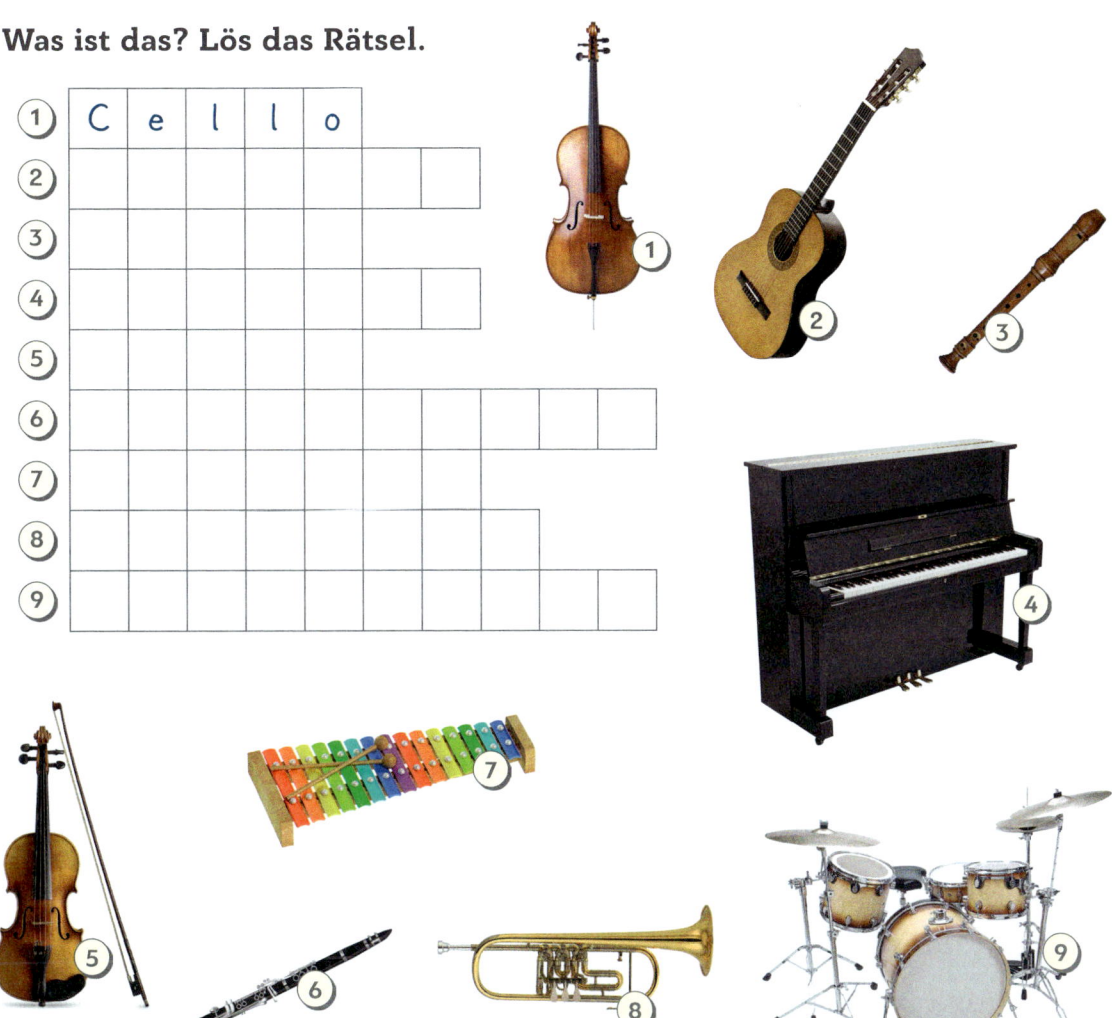

1. C e l l o

2 Wie viele Buchstaben fehlen? 1 oder 2? Ergänze die Buchstaben.

1. Gita__rr__e

2. Trompe____e

3. Klarine____e

4. Gei____e

5. Ce____o

6. Xy____ofon

3 Welches Instrument gehört nicht in die Gruppe?
Streich es durch.

1. Schlagzeug – Gitarre – Geige – Cello

2. Klarinette – Klavier – Flöte – Trompete

KB ▸ 3 **4** **Ergänze die Dialoge.**

● Was spielst du, Anna?

◆ Ich spiele _____

● Was spielst du?

◆ Ich spiele _____

● _____

◆ _____

● _____

◆ _____

KB ▸ 4 **5** **a** **Lies laut.**

Das ist mein  . Ein  spielt  .

Das ist meine Freundin. Und ein 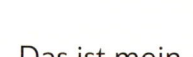 spielt Fagott. Ich spiele  .

b **Schreib nun den Text.**

Das ist mein Orch _____

_____

_____

_____

_____

6 Ordne die Instrumente nach ihrer Größe und ergänze den Namen.

(A)

1: Fagott _____ _____ _____

(B)

_____ 1: Kontrabass _____ _____

KB ▶ 6

7 Was spielen die Kinder? Ergänze.

1. Alex und Paul spielen _____

2. Nadja spielt _____

3. Lisa _____

4. Oliver _____

5. Oskar und Tobi _____

8 Lös das Bilderrätsel. Kleb die Aufkleber ein.

1. Er singt. 3. Er fotografiert. 5. Sie spielt Geige.

2. Sie tanzen. 4. Sie hören Musik. 6. Sie spielen Gitarre.

9 a Unterstreiche *spielen* wie im Beispiel.

▲ Nadja, spielst du Schlagzeug?

● Ja, ich spiele schon drei Jahre.

◆ Nadja spielt auch Flöte und Klavier.

▲ Toll. Wann ist das Konzert?

● Am Samstag.

▲ Popmusik?

● Nein. Klassische Musik, Mozart und so.

▲ Ach.

◆ Aber sie spielen alle super.

b Kleb die Aufkleber ein.

1. Ich ☐ Geige.

2. Du ☐ Schlagzeug.

3. Paul Er Lisa Sie ☐ Basketball.

4. Paul und Lisa Sie ☐ Monopoly.

10 Was passt zusammen? Mal die passenden Teile gleich aus.

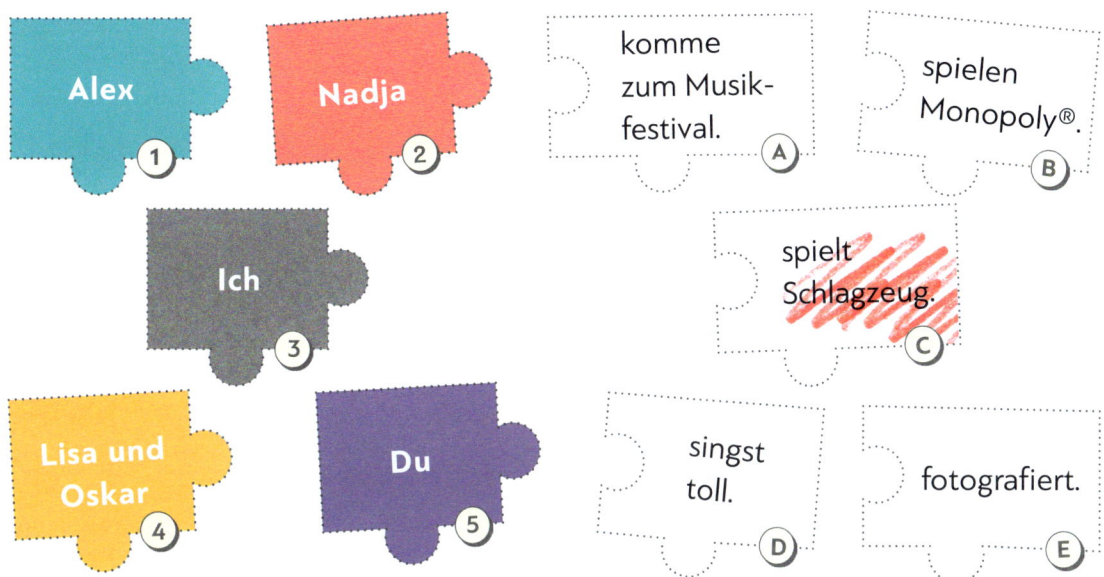

11 Lies das Beispiel und schreib dann die Dialoge.

Was machen sie?

Sie fotografieren.

● Was machen sie?

◆ Sie _____

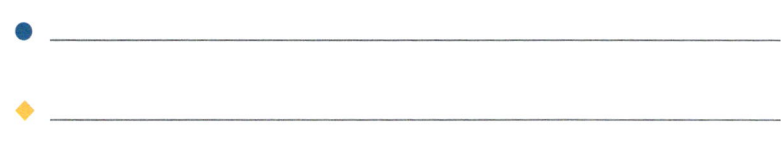

● _____

◆ _____

● _____

◆ _____

● _____

◆ _____ Baseball.

12 Was passt? Ergänze.

e st en t e st

1. ● Am Samstag ist das Konzert.

   Komm _st_ du?

   ◆ Ja, ich komm____ auch.

2. ● Was spiel____ du?

   ◆ Ich spiel____ Fagott.

3. ● Wo ist Julia?

   ◆ Sie kauf____ Kekse.

4. ● Spiel____ Paul und Alex

   Volleyball?

   ◆ Nein, Beachvolleyball.

13 Was passt zusammen? Verbinde.

1. Alex
2. Paul
3. Du
4. Nadja und Lisa
5. Ich

a) komme am Sonntag.
b) singst super.
c) macht Computerspiele.
d) hören Musik.
e) fotografiert Tobi und Oskar.

KB ▶ 7

14 Was passt? Ergänze den Dialog mit *ich liebe* oder *ich hasse*.

Lena

Jannik

Jannik: Lena? Was liebst du?

Lena: _Ich liebe_ Schokolade, aber

_____ Fußball und Gitarre. Und du?

Jannik: _____ Bonbons und Basketball, aber

_____ Klavier.

Deine Lernwörter

der Supermarkt _____

das Konzert _____

Instrumente

die Geige   das Cello   das Schlagzeug

_____   _____   _____

das Klavier   die Flöte   die Trompete

_____   _____   _____

die Klarinette   das Xylofon

_____   _____

spiele, spielst, spielt, spielen ▶ spielen	_____	▲ Spielst du Flöte? ■ Nein, ich spiele Cello.
das Foto	_____	
das Mädchen	_____	
der Junge	_____	
kommen ▶ kommen	_____	Sie kommen zum Konzert.
machst ▶ machen	_____	▲ Was machst du?
singe, singst ▶ singen	_____	● Ich singe.
hasse ▶ hassen	_____	Ich hasse Xylofon.
liebe ▶ lieben	_____	Ich liebe Trompete.
schau ▶ schauen	_____	Schau! Eine E-Mail von Nadja.

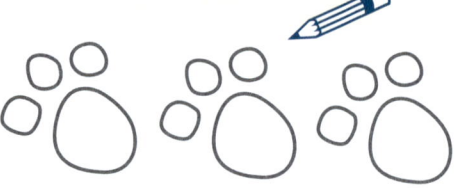

Das kann ich schon

Mach die Übungen. Schau dann auf Seite 79. Wie bist du?
Mal an. 🐾 = 🙁, 🐾🐾 = 🙂, 🐾🐾🐾 = 😃

1 **Was machen Lina, Marie und Linus?**
Vermute.

Ich glaube, _____

_____

2 **Ergänze den Dialog.**

● Wo bist du _____ ?

▲ _____

Dienstag

Tim

3 **Was sagen die Kinder? Schreib den Dialog.**

● Ich spiele _____

Und _____ ?

▲ _____

_____

4 **Schreib die Antwort.**

● Ich liebe Popcorn und ich hasse Chips.

Und du?

▲ Ich l _____ ,

aber ich h _____

👍 Kakao

👎 Schokolade

KB ▶ Einstieg

1 **Was machen die Personen? Verbinde.**

sie schwimmen

sie wandern

sie zelten

sie spielen Gitarre

sie tanzen

sie lesen

sie spielen Federball

sie fotografieren

sie malen

KB ▶ 3

2 a **Unterstreiche wie im Beispiel.**

Was machen wir und was macht ihr?

Wir spielen Federball, ihr spielt Fußball.

Wir sehen Filme, ihr hört Musik.

Wir spielen Gitarre, ihr spielt Klavier.

Wir singen, ihr tanzt.

Wir hassen Geige, ihr liebt Geige.

Das ist doch blöd.

b **Ergänze die richtige Form von *spielen*.**

1. wir _____   2. ihr _____

3 a Lies den Dialog und kleb die Aufkleber an die richtige Stelle.

◆ Hallo Paul, hier ist Lisa.

▲ Hallo Lisa.

◆ Was [machst] (1) du, Paul?

▲ Ich ____ (2) Computerspiele und was machst ____ (3)?

◆ Wir ____ (4) Federball.

▲ Wer ist wir?

◆ Julia und ich. Und Alex.

▲ Was ____ (5) Alex? ____ (6) er auch Federball?

◆ Nein, er fotografiert.

▲ Spielt ____ (7) auch Monopoly?

◆ Ja, wir ____ (8) auch Monopoly. Oskar und Tobi sind auch hier.

▲ Und was ____ (9) sie?

◆ Sie ____ (10) Ball.

b Ergänze die richtige Form von *spielen*.

1. Ich _____ Ball.

2. Du _____ Basketball.

3. Er/Sie _____ Monopoly.

4. Wir _____ Fußball.

5. Ihr _____ Federball.

6. Sie _____ Klavier.

4 Bilde mit den Wörtern aus dem Kasten mindestens 6 Sätze.

> ihr • Musik • spielen • Anna • Hunger • zelten •
> lese • ~~sehen~~ • spielt • möchte • Kekse • wir • du •
> ich • ~~Filme~~ • Federball • wir • sie • Geige • ich •
> habe • kaufen • hört • sie  • Chips • fotografierst •
> sie  • telefonieren • er

1. Sie sehen Filme.
2. _____
3. _____
4. _____
5. _____
6. _____

5 Was passt? Ergänze.

1. schwimmt er, sie, ihr
2. fotografierst _____
3. singe _____
4. tanzen _____
5. wandert _____
6. telefonieren _____
7. hast _____
8. zelten _____
9. lese _____
10. malt _____

wir
du
sie
er
ihr
ich
sie

65

KB ▶ 5

6 Wie ist die Geschichte richtig? Finde den Weg.

Lisa, Julia, Paul, Alex und Oskar zelten.

Oskar hört „Knurps, Schlabber".

Das Monster ist Tobi!

Da ist ein Monster!

Lisa schaut.

Quatsch. Das ist ein Wolf.

Nein, Oskar. Das ist eine Schlange.

KB ▶ 6

7 Kleb die Aufkleber ein.

Schlange   Monster   Wolf

8 a Mal die Felder aus: **der = blau**, **das = grün**, **die = rot**.

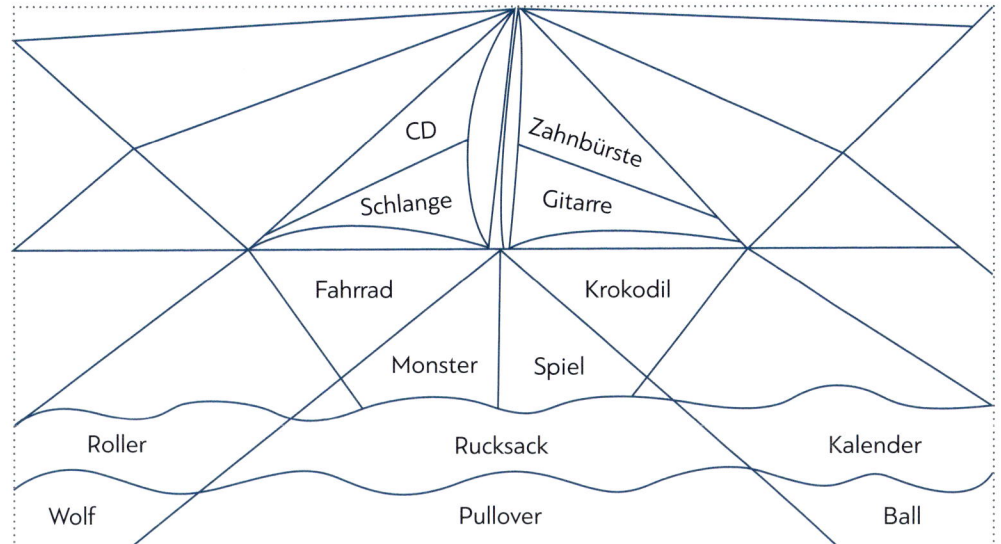

CD
Zahnbürste
Schlange
Gitarre
Fahrrad
Krokodil
Monster
Spiel
Roller
Rucksack
Kalender
Wolf
Pullover
Ball

b Schreib die Wörter in die richtige Spalte.

ein

_____
_____
_____
_____
_____

ein

_____
_____
_____
_____
_____

eine

_____
_____
_____
_____

9 Lös das Rätsel. Wie heißen die Wörter?

ol   lang   wimm

1. Wolf   3. _____   5. _____

Hun   ielen   onst

2. _____   4. _____   6. _____

Deine Lernwörter

die Ferien   _____

malen   _____

Federball   _____   ◆ Spielen wir Federball?

zeltet,   _____

zelten   _____
▶ zelten

telefonieren   _____   Lisa und Julia
                                                                    telefonieren.

wandern   _____

der See   _____   Wir zelten am See.

Beachvolleyball   _____   ● Wir spielen
                                                                       Beachvolleyball.
wir   _____   Und ihr?
                                                                    ■ Ja, wir spielen auch
ihr   _____   Beachvolleyball.

tschüss   _____   ● Tschüss, Lisa!
                                                                    ■ Tschüss, Julia.

das Monster   _____

Quatsch!   _____   ▲ Da ist ein Monster!
                                                                    ■ Quatsch!

der Wolf   _____

KB ▶ 1

1 **Was passt? Ergänze: *gern* 🙂 oder *nicht gern* 🙁.**

1. Ich tanze _____gern_____. 🙂

2. Julia spielt _____ Basketball. 🙁

3. Wir hören _____ Musik. 🙂

4. Ich spiele _____ Ball. 🙁

5. Du schwimmst _____. 🙂

6. Ihr macht _____ Hausaufgaben. 🙁

2 **Was machen die Kinder gern? Was machen sie nicht gern?**
Ergänze die Sätze.

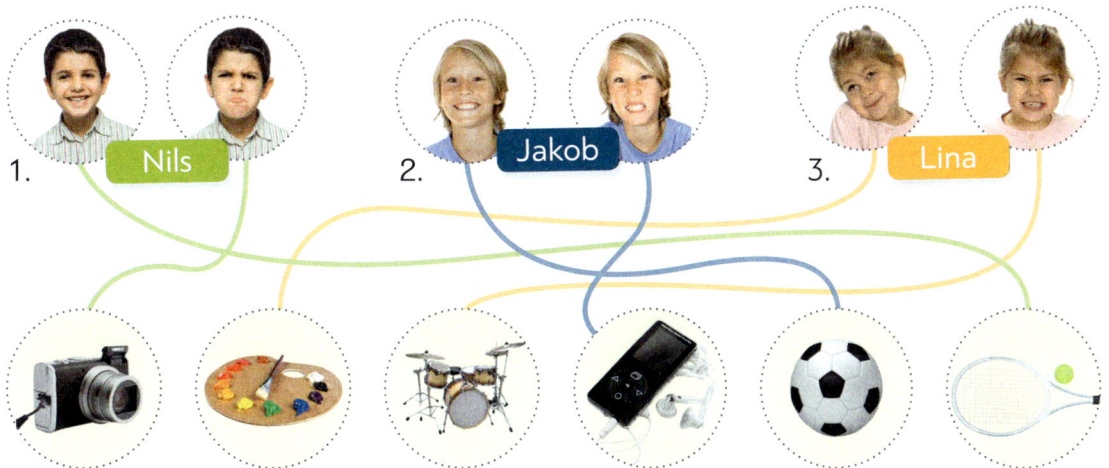

1. Nils   2. Jakob   3. Lina

	🙂	🙁
1. Nils	Ich _spiele_ gern _Tennis_.	Ich _fotografiere_ nicht gern.
2. Jakob	Ich _____ gern _____	Ich _____ nicht gern _____
3. Lina	Ich _____ gern _____	Ich _____ nicht gern _____

KB ▶ 2

3 Was passt? Lies, unterstreiche und ergänze.

Tennis? Jaaaa! Fußball? Nein, danke!

Julia möchte ___immer___ (manchmal / _immer_) Tennis spielen.

Sie spielt _____ (immer / nie) Fußball.

Montag, Mittwoch, Freitag
Basketball mit Alex und Jo 17:00 Uhr

Lisa spielt _____ (oft / nie) Basketball.

Julia und Lisa sind cool. Aber _____ (manchmal / immer) sind sie auch doof.

4 Was passt? Ergänze.

allein :• zusammen

Alex und Paul machen

___zusammen___

Hausaufgaben.

Oh, ich singe

_____!

Tobi und Mia spielen

_____ .

Ich möchte nicht

_____

Hausaufgaben machen.

He, Oskar. Ich möchte

_____

lesen.

KB ▶ 3

5 a Was passt? Ergänze.

möchte ❖ möchte ❖ möchte ❖ möchtest

▼ Julia, _möchtest_____ (1)

du Musik hören?

● Ja, bitte. Ich _____ (2)

Popmusik hören.

■ Da, schau mal! Tobi _____ (3)

Ball spielen.

◆ Ja, aber er _____ (4)

allein spielen.

b Kleb die Aufkleber ein.

1. Ich ⌐ ⌐ Fußball spielen.
   ⌐ ⌐

2. Bob ⌐ ⌐ schwimmen.
   Er ⌐ ⌐

3. Du ⌐ ⌐ fotografieren.
   ⌐ ⌐

4. Lisa ⌐ ⌐ Musik hören.
   Sie ⌐ ⌐

10

6 **Schreib und antworte wie im Beispiel.**

1. <u>Paul möchte Federball</u>

<u>spielen.</u>

Und du? <u>Ich möchte auch</u>

<u>Federball spielen.</u>

oder: <u>Ich möchte nicht</u>

<u>Federball spielen.</u>

2. _____

_____

Und du? _____

_____

oder: _____

_____

3. _____

_____

Und du? _____

_____

oder: _____

_____

7 **Schreib die Sätze richtig.**

1. Computerspiele machen – Ich – oft – möchte

<u>Ich möchte oft Computerspiele machen.</u>

2. immer – Wir – möchten – Filme sehen

_____

3. möchte – tanzen – nie – Das Monster

_____

KB ▶ 4

8 Lisa hat Geburtstag. Was möchte sie als Geschenk?
Schreib die Wunschliste.

Lisa möchte

einen Fußball, ein _____

_____

_____

_____

9 a Was kaufen die Kinder? Ergänze die Sätze.

Samuel kauft

ein _Poster_,

eine _____

und einen _____.

Ⓐ

Miriam kauft

_____,

_____ und

_____.

Ⓑ

b Was kaufst du? Zeichne und schreib.

Ⓒ

Ich _____

_____

_____.

KB ▶ 6

10 Schneide die Dominosteine auf Seite 75 aus und leg das Domino.
Kleb dann die Teile auf.

▶ START

START	Ich	Schoko-lade.	☺	du?	Woher

Anna Fußball?	Wer möchte Musik	einen Ruck-sack?	Wo ist	sehr intelligent.	Du

zehn.	Möchtest du Torte?	Hund.	Was kostet	bist du?	Ich bin

Katze.	Spielt	Ja, bitte.	Was ist das?	kommst du?	Meine Freundin ist

Eine Klarinette.	Spielst	du Gitarre?	Das Buch	ist lang-weilig.	Ich möchte einen

heiße Emma.	Wie heißt	hören?	Hast du	der Roller?	Luis möchte eine

David?	Da. Er kauft	hast Geburts-tag.	Wie alt		

gern   _____ 🙂

nicht gern   _____ 🙁

der Spaß   _____ Wir haben viel Spaß.

viel   _____

intelligent   _____ Alex ist intelligent.

die Freundin   _____ Lisa ist meine Freundin.

der Freund   _____ Paul ist mein Freund.

die Freunde   _____

zusammen   _____ Sie lesen zusammen.

allein   _____ Sie liest allein.

---

immer   oft   manchmal   nie

immer	oft
_____	_____
manchmal	nie
_____	_____

---

möchte
▸ möchten   _____ Oskar möchte Fußball spielen.

besucht
▸ besuchen   _____ Paul besucht Alex.

die Katze   _____

die Mathematik   _____ Alex liebt Mathematik.

das Geschenk   _____

richtig   _____ ✔

falsch   _____ ✖

Mach die Übungen. Schau dann auf Seite 79. Wie bist du?
Mal an. 🎉 = 🙁, 🎉🎉 = 🙂, 🎉🎉🎉 = 😀

1 Was macht ihr in den Ferien? Kreuze
an und antworte.

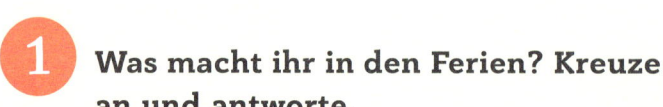

Wir _____

_____

2 Was ist das? Antworte.

Das _____

3 Was machst du gern? Was machst du nicht gern? Antworte.

🙂 _Ich_ _____

🙁 _Ich_ _____

4 Was möchtest du _immer, oft, manchmal, nie_ machen?
Schau die Bilder an und schreib Sätze in dein Heft.

_Ich lese
manchmal._

Lösungen

Das kann ich schon – Modul Im Park, S. 18

Mögliche Lösungen:

1. ● Hallo, wie heißt du?
   ▲ Hallo, ich heiße Anne. Und du?
   ● Ich heiße Niklas. Woher kommst du?
   ▲ Aus Deutschland. Und du?
   ● Aus Dänemark.
2. Ich mag Fußball, Basketball und Schwimmen.
3. ● Guten Tag, Herr Weiß!
   ▲ Guten Tag, Herr Schwarz.
4. 1. ● Entschuldigung!
   ▲ Macht nichts!
   2. ● Komm!
   ▲ Ja, gleich./Ja, ich komme.

Das kann ich schon – Zum Geburtstag, S. 32

Mögliche Lösungen:

1. ● Alles Gute zum Geburtstag!
   ▲ Danke.
2. Ich bin 9.
3. ● Du bist dran.
   ▲ Ja, ich bin dran.
4. ● Möchtest du Kekse?
   ▲ ☹ Nein, danke.
   ▲ ☺ Ja, bitte./
      Ja, ich möchte Kekse.
5. ● Hast du 🍓?
   ▲ Nein, ich habe 🫐.
   ● Hast du 🍊?
   ▲ Ja, ich habe 🍊.

Das kann ich schon – Auf dem Flohmarkt, S. 46

Mögliche Lösungen:

1. 1. ◆ Was kostet das Fahrrad?
   ▲ Zwölf Euro.
   2. ◆ Was kostet die Uhr?
   ▲ Zehn Euro.
   3. ◆ Was kostet der Roller?
   ▲ Neun Euro.

2. Das ist meine Gitarre. Das ist mein Buch. Das ist mein Ball.
3. A Da ist Tim. Er fotografiert.
   B Da ist Sarah. Sie spielt Tennis.
4. ◆ Woher kommt der Elefant?
   ● Aus Afrika und Asien.
   ◆ Wo lebt das Krokodil?
   ● In Afrika, Amerika, Asien und Australien.

Das kann ich schon – Am Wochenende, S. 62

Mögliche Lösungen:

1. Ich glaube, sie tanzen./Ich glaube, sie malen.
2. ● Wo bist du am Dienstag?
   ▲ Ich bin bei Tim.
3. ● Ich spiele Gitarre. Und du?
   ▲ Ich spiele Trompete.
4. ● Ich liebe Popcorn und ich hasse Chips. Und du?
   ▲ Ich liebe Kakao, aber ich hasse Schokolade.

Das kann ich schon – Endlich Ferien!, S. 78

Mögliche Lösungen:

1. Wir lesen./Wir zelten./ Wir schwimmen./ Wir fotografieren./Wir spielen Federball./ Wir tanzen./Wir singen./Wir spielen Gitarre./Wir telefonieren.
2. Das ist ein Auto.
3. ☺ Ich fotografiere gern./Ich spiele gern Klavier./Ich mache gern Hausaufgaben./...
   ☹ Ich spiele nicht gern Tennis. Ich lese nicht gern. Ich schwimme nicht gern.
4. Ich möchte nie/manchmal/oft/immer Hausaufgaben machen.
   Ich möchte nie/manchmal/oft/immer lesen.
   Ich möchte nie/manchmal/oft/immer malen.
   Ich möchte nie/manchmal/oft/immer Basketball spielen.

Quellenverzeichnis